放下

上班族 **40** 則放下指引

禪

Letting Go

聖 嚴 法 師

法鼓文化編輯部 選編

放下執著真自在

你對工作能收放自如嗎？是不是總有許多放不下的事、放不下的人，不斷困擾著你？

為失眠所苦的上班族，常是因為放不下對工作的種種執著，而無法放鬆入睡。假使能多一些自我覺察，便會發現很多心事都是自尋煩惱，若能放下心中的牽絆，不擔心成敗得失，不執著自我想法，將能充分發揮工作實力。

所謂的「放下」，並非「放棄」，而是放下心中的執著和成見，也就是放下自己的主觀看法和喜好。我們與其說是放不下工作而煩惱，實則往往是放不下自己。如同聖嚴法師所說，人有

三種：一是「提不起‧放不下」，無法擔當責任，卻放不下名利；二是「提得起‧放不下」，能擔當責任，卻放不下名利，無法接受失敗；三是「提得起‧放得下」，能負重責，胸襟寬廣，可以隨時出馬、隨時放下。面對變化無常的人生，我們要能提即提，當放則放。

放大心胸的寬度，才能放大事業的格局，聖嚴法師勉勵我們隨緣自在，成為放得下也提得起的人。本書針對這些上班族常見的執著困擾，將聖嚴法師著作中的精彩開示彙編成書，提供放下之道。聖嚴法師除提供多種化解自我執著方法，讓心不再牽掛成敗，患得患失不自在，並分享如何放下自己包容別人，讓心變得柔軟無礙，能夠自在溝通，廣結人緣。

懂得放下，就能自在。學會放下的智慧，你在職場上將能無往不利，悠遊自在。

—— 法鼓文化編輯部

目錄

馬上體驗 | # 睡覺禪

1. 結束一天忙碌的工作後，睡覺是讓上班族「恢復元氣」的重要關鍵，睡眠充足，神清氣爽，身心健康；睡眠不足，精神欠佳，身心疲憊。睡個好覺看似容易，但其實並不簡單，很多人都放不下工作而焦慮失眠。因此，特別設計「睡覺禪」，讓大家在閱讀本書前，先體驗如何放下萬緣，安心睡覺。

2. 最佳的睡姿是右側臥（又稱吉祥臥），有益健康，不壓迫心臟，不妨礙消化，使人少夢、熟睡、減少打鼾，安詳入睡。睡時運用禪法放鬆頭腦與身體，能一夜好眠。睡覺禪可以讓我們學會放下執著，對於問題

能「面對它，接受它，處理它，放下它」，該吃飯就吃飯，該睡覺就睡覺，以輕鬆自在的平常心過生活。

❀ 睡覺的要領

規律的睡眠習慣很重要，宜維持在晚上十一點前就寢的習慣，不要熬夜。睡前要避免聲光刺激，不看電視、電腦、手機，或進行需要思考的事。當頭腦與身體過度疲累或處於緊張狀況，會輾轉難眠，可以做動禪或是打坐幫助放鬆身心、放下日常生活中瑣碎煩惱的事情。睡覺時，不論工作或生活中發生任何事都要學會放下，因為擔心不但沒有用，反而干擾睡眠，只有安心睡覺，才能在工作時精神飽滿。

睡姿要採用右側臥，方法為臉側向右方，枕頭與肩同高，身體彎曲如弓形，兩腳的腳踝、膝蓋不重疊，右手置於枕側，左手置腰間或平

放。入睡時保持這個姿勢，睡著後則不必理會翻身後的睡姿，讓身體自動調節即可。

❀ 睡覺的步驟

　　全身放鬆地躺在床上，把睡姿調整到最輕鬆、最自然的狀態，將全身的重量交給床鋪。放鬆臉部、放鬆眼睛、放鬆肩膀、放鬆腹部，從頭到腳逐步放鬆，把重量交給床鋪。

　　進一步把心情也放鬆，白天發生的任何事都和睡覺沒有關係，放鬆頭腦，告訴自己現在最重要的事是睡覺。

　　如果無法入睡，可用類似催眠的方法，在心裡默念：「我要睡著了！我已經睡著了！……。」不管睡不睡得著，繼續默念下去，慢慢地就會睡著了。

　　若還是睡不著，不需要煩惱為什麼還沒有

睡著，或是擔心睡不著工作會沒有精神。不妨轉個念頭，告訴自己：「我根本不期待要睡著，躺在床上就已經是在休息了。」

　　頭腦與身體都要放鬆，才能睡得安穩，得到真正的休息。每天定時練習睡覺禪，不但能放下壓力、放下煩惱，更能成為對事業成敗得失，收放自如的自在人。

　　　　　　　　　　　——法鼓山禪修中心　提供

放下

禪

Letting Go

你真的放下了？

　　很多人說：「放下了！放下了！」真的放下了嗎？「放下」是不容易的事；放得下也有層次，看你怎麼放。有人叫人放下，自己放不下，這是最下的層次。有人根本沒擔起來，有什麼好放下？不過他看不慣，充滿憤怒、猜忌與怨恨，這也是放不下。有人名利、權勢、地位都有，應該沒什麼放不下，但心中卻有煩惱的情緒放不下。提得起的人不一定放得下，放不下的人根本就提不起。

✻ 擔起責任和義務

有人資質平凡，庸庸碌碌過一輩子；有人很聰明、有學問、也很能幹，結果也庸庸碌碌過一生。因為他放不下自己，心中梗著非常大、非常粗、非常重的「我」，執著自己的想法、作法、人格等等，提不起自己和他人的義務與責任，結果人人不敢用他，甚至不敢跟他做朋友。

真正的放下是既不認為自己已放下，也不以為自己放不下；應該擔起的責任和義務照樣去做，應該接受的權利若能以之造福人群，也可以接受。

✻ 一絲不掛

有人問我要不要錢？我說要；有人問我能否放得下錢？我說能。因為我要了錢，不是拿來享受而是去利益社會、弘揚佛法，我在幫他用錢

而已。

　　放下的意思並不是什麼也沒有、什麼也不要，而是心中沒想到：「這是我的，那不是我的；這是我不要的，那是我非要不可的。」即使是成佛的念頭也要放下，這才叫放下。禪宗說修行要修到一絲不掛，好的壞的念頭、種種執著都放下，這不容易做到，但不妨揣摩著試一試。

——

（選自《聖嚴說禪》）

禪一下	如果你能把自我中心的執著放下， 把事實真相釐清， 外在的環境就困擾不到你了。

是執著不放，
還是擇善固執？

我們常說堅持己見的人太執著，到底什麼是執著？執著與固執又有什麼不同？執著又有什麼不好呢？

固執的意思就是堅持自己想法、作法是最對的，一旦決定之後，任何人都不能夠改變他，也不願意接受別人的建議，這就是固執己見。

執著的意思是放不下，非常在乎、介意自己的想法與看法，或自己的立場、態度以及身分；只要是與自己相關的任何事、任何物、任何人，乃至於任何觀念，你都很在乎的話，那就是執著。

❋ 執著不放就無法放鬆休息

表面上看來，固執和執著好像一樣，但是執著不僅如此。執著是心中放不下的牽掛，有的是牽掛著愛情，有的是牽掛著名位，有的是放不下名利權勢；有時候雖然沒有特別的對象和原因，但就是對任何事都非常在乎，包括在乎自己帽子戴得怎麼樣？頭髮梳得怎麼樣？臉上長了什麼東西？只要跟自己有關係的事情都非常在乎。

過度的執著甚至是一種非常痛苦的病症，因為樣樣東西都很在乎的人，他的精神一定經常處在緊張狀態中，沒有辦法放鬆休息。

以佛法來講，執著又叫「我執」，一切以自我為中心，而且非常在乎自己的利害得失。他不僅在乎自己的存在，或者不存在；還在乎別人對他的想法，對他的價值判斷，也會非常希望別人知道他。對於他所關心的人，他也會非常在

意，在乎那個人到底是個怎樣的人，在乎他身上發生了什麼事，在乎他變成什麼樣子。

譬如說，如果一個做母親的，總是對她的孩子不放心。孩子小的時候她不放心，或許還有道理，可是當他都已經長大成人，結了婚，甚至也生了孩子了，這個母親還是把他當成小孩子一樣看待，隨時隨地擔心著不說，還想掌握他在做什麼、想什麼，這就叫作執著。

✿ 擇善固執是堅持願力

另外，有些人認為「擇善固執」也是一種執著，其實兩者間還是不一樣的。

執著，是一種過分的在意、在乎和擔心，會讓我們像根緊繃的弦，不能放鬆，結果自己痛苦，周遭的人也跟著痛苦。

「擇善固執」則是朝著正確的信念，堅持

自己的方向和願力，並且以意志力——毅力、恆心和決心來完成，這和執著是完全不同的。如果非得要說這也是執著，至少這是一種好的執著。

我們每個人的生命不能沒有目標，不能沒有方向感，如果能以意志力，持久朝著自己的方向，持久地讓自己努力，持久地堅持自己的心願，便能夠將生命導向積極成長的路。

——

（選自《找回自己》）

<table>
<tr><td rowspan="5">禪一下</td><td>捨己從人，</td></tr>
<tr><td>不堅持自我的立場，</td></tr>
<tr><td>但求有利於他人；</td></tr>
<tr><td>不會考慮自我的安危，</td></tr>
<tr><td>但願有助於他人。</td></tr>
</table>

03

要積極，不要執著

　　有些名詞看來相近，意義則完全不同。在現代社會裡，往往因為意義的混淆而影響了許多人的人生觀。譬如：積極和執著、貪心和願心，粗看相同，其實不然。

　　健康積極的態度，不是堅持己見的執著；執著的態度，未必就有積極進取的精神。現代社會變遷迅速，競爭異常激烈，相對地，人與人之間的摩擦就愈來愈多。主動地設法化解因摩擦而產生的誤會，便是積極的態度；被人誤會而不懷恨，便是不執著。例如罵人固然不應該，被人罵時也要有雅量接受。被罵之後，先不要生氣，過

了一段時間，再透過第三者，或者找適當的時機親自向對方說明致歉，也許誤會從此冰釋。當然，也有人會想，錯不在我，為什麼要我向他道歉？事實上，讓人產生誤解，就是自己的不是。而且，不論爭執大小，和解才是雙贏兩利的最好結局，所以說：「怨家宜解不宜結。」有這樣的認知，自己才會比較心平氣和，同時也能讓對方心平氣和。人人若能如此，我們的世界就會更加祥和。

✿ 執著是煩惱，積極是願心

　　而貪心是據為私有，願心卻是發展抱負。發願的願心即使是為自己，目的也在提昇自己的才能、人品、智慧和慈悲；貪心則是不管人品提昇或不提昇，不管得到或得不到，不管合理或不合理，通通都要，完全忽略了能與不能、該與不

該。從另外一個角度來看，貪心是將不是我的變成我的，願心是把沒有的東西變成有的東西。只在乎自己和兒孫有飯吃，不管其他的人有沒有飯吃，這是貪婪；想辦法增加糧食讓大家都有飯吃，這是發願。可見患得患失的貪心是執著的煩惱；全力以赴的願心是積極的態度。

積極和執著完全不同。執著是以自我中心為主，從自我的權、勢、名、位、利出發；積極不一定是自私的，而是為了成長自我與奉獻人群。幾乎每一位小學生都會這麼說，我長大以後要奉獻國家、奉獻社會、奉獻人群等，不過大家心裡都很明白，這只是表示未來志向的口號而已。假使這些口號能和自己的人格結合為一，成為宏大的願心，這就是積極。

❀ 認清不上進的藉口

現在許多人誤解不執著的真義，把它當成不上進的藉口。別人往上爬，自己不一定要往上爬。或許有人還會得意洋洋地說：「做董事長、總經理有什麼了不起，他們吃飯睡覺，我也一樣吃飯睡覺。」人人都在努力求進步，自己卻自暴自棄，還說是不執著、看得開、放得下，這是一種自卑、懦弱、不健康的心態。他們沒有想到，人是可以經由學習而不斷成長的。不只名利、地位，人在才能、人格、心量等各方面都可以不斷地成長。倘若不積極促成因緣、不把握機會向上成長，明明是害怕吃苦，卻用不執著這三個字一語帶過，這叫作「卑劣慢」；不只自卑，而且用傲慢的態度來掩飾自卑。

人世間如果有太多這一類的人，社會是不會進步的。真正的不執著是在盡心盡力、全力以

赴之後，不計較成果如何，都能以平常心看待。
也就是說，成功不驕傲，失敗也不氣餒。

——

（選自《是非要溫柔》）

| 禪一下 | 因有慈悲心，
所以提得起；
因有智慧心，
故能放得下。 |

04

提得起，放得下

　　我通常將人分為三類：

　　一、提不起・放不下：芸芸眾生中最多此類的人。沒有擔當，不願負責，貪求享樂，卻又放不下名利的追逐。

　　二、提得起・放不下：此種人有擔當、有進取、有能力。可是，一旦要他將到手的名位及權勢放下時，卻又捨不得。其實在我們的生命過程中，絕不可能一直是平步青雲、年年高陞；有時也如登山，沿途是崎嶇不平，有起也有伏。因此，只能陞而不能降的人，終將引起心理上的不平衡而痛苦不堪。

三、提得起·放得下：此種人有擔當、有能力，可負大責任，心地坦然。由於大眾及現實環境的需要，隨時可出馬；當大環境的情勢改變時，隨時可以放下，毫不眷戀，且更有寬廣的胸襟，隨時迎接另一個階段的新發展。世間上能做到這種境地的人畢竟有限。

例如：臺北市長的職位在市民的心目中非常重要、崇高，但當市長的也不可能當一輩子，如果擔任了「市長」職位便捨不得放下，就沒有辦法有更高層次的提起了。

✲ 從因到果的因果關係是必須提起的

若想獲得豐收，就必須勤於播種。然而播種以後，不見得都能得到結果。例如有位先生來見我並埋怨說：「師父，我這一生做了許多善事，可是我卻得不到好的果報，縱然得到也是少

得可憐。請問師父，我還要繼續做好事嗎？」我告訴他：「世俗『善有善報』的觀念固然不錯，但種善因不見得收到善果，就好比一棵開滿桃花的桃樹，最後結成果實的又有多少？因此，不見得每一朵花都能結果實，而結了果實的也會有大小不一、甜澀有別的情形。就如同在我們的生命過程中不可能事事如意，總有一些違逆之事，所以有因不一定有果，但是欲得結果又必定要種因。我們更應該有『種瓜不一定得瓜，種豆不一定得豆』的心理準備，才能坦然地生存，不斤斤計較種瓜一定要收成，否則一有收成的企望，則可能大失所望而痛苦不堪了。」

❋ 聚散無常的因緣關係是必須放下的

　　人的聚散離合，都是基於種種因緣的關係。有恰到好處的因緣，便可能展現出好的結果；如

果在進行過程之中摻入一些不順利的因素，將導致各種不如意的事情。因此，在人的生命過程中，很少可能有「事事如意」的好運，通常都是在接受折磨之中向前邁進。

我這一生也都是在各種的磨難中走過來，每當我面臨困難時，並不逃避它，而是希望改善它。如果已經盡力尚無法改善，也不立即放棄，但要暫時擱置。因為一切現象的發生，均各有其因緣，並不是僅憑一人的勤惰及意願所能掌控的。凡事必須努力，但也不得強求。若明因緣的道理，就會知道能提即提，當放則放了。

———

（選自《禪的世界》）

05
CHAPTER

如何隨時得、
隨時捨？

機會不是憑空創造的，而是順勢而為。觀察當下有什麼機會，這機會可能很好，也可能不好。機會不一定很好時，要不要把握？端視自己有沒有強烈的意願。有時乍看之下好像沒有成功的希望，但只要努力走下去，便能走出一番新天地；相反地，接受一個人人稱羨的職位，也可能弄得焦頭爛額。

✿ 因勢利導，順勢而為

取捨的依據，在於自己的資源——認清自己擁有什麼資源，是非常重要的事。所謂「資

源」，一是性格，一是聰明才智，另外則是環境。觀察當下究竟有什麼資源能供我們使用，再整合這三方面加以思考，便可以腳踏實地的踏出去。我們常說「知己知彼」，如同商場講求熟悉行情，必須知己知彼，才能百戰百勝。踏出第一步之前，需要考量自己的資源是什麼？能夠運用的外在資源又是什麼？然後因勢利導、順勢而為。

另外，自己一定要努力；如果自己有所不足，就要學習。人們常說「第二春」，什麼是第二春？也就是重新學習新事物。但學習新事物未必就能因此成功，最重要的還是在於自己擁有什麼資源。

❀ 換換腳步往前走

就我個人而言，我是隨時得，又隨時都可以

捨。所謂「隨時得、隨時捨」，就好像走路時，當一隻腳踩下去時，另一隻腳一定要放，才能夠讓第二步踏出去。總是站在原地不動是不行的，一定要換換腳步，才能往前走。往前走時，如果有牆擋住了你，可以轉個彎，還是能走過去；如果被一座山擋住了，可以爬過去；爬不過去時，就繞過去；繞不過去，就退回來，可能另一個方向還有路可走。我認為人生能夠選擇的前途是非常廣泛、非常多元的，並不是在一個方向或立場上失敗後，就沒有前途了。

得失之間，就像我們走路時步伐的轉換一樣，端看用什麼樣的心態。如果不往前走，後面這一步也無法繼續往前踏出。

——

（選自《不一樣的人生旅程》）

放 下 禪

06

為何放下自我，
能得大自在？

　　請問什麼是「自我」？自我本身可以說沒有這樣東西，就因為本身沒有這樣東西，一般人不知道，所以放不下。世界上有兩種人放不下自我：第一種是不知道什麼是自我的人，第二種是覺得自我非常重要的人。

✿ 了悟萬法無常是智慧

　　「自我」到底是什麼？是一個念頭又一個念頭的連續，使我們產生自我的存在感。但是請問，你昨天的思想跟今天的思想，是否一樣？當你十五歲時的思想跟二十歲時的思想，是否相

同？當然不是，人的思想時刻都在變動，人體的細胞也時刻都在變動，佛法稱這種現象是「無常」。人的身心無常，屬於身心所有的眷屬、財物、名譽、地位等，也在改變，亦都是無常。能夠了悟萬法無常是智慧；能夠運用無常的萬法自利利人是有福。

外在環境中的自我，也是時刻在改變的。譬如：昨天你看到一位女孩，覺得她長得實在難看，今天和她深談之後，發現她的心地善良，個性溫柔，雖然外貌稍微差一點，但是心地很美，當你有這種思想的時候，對這位女孩的觀感，馬上就改變過來。所以，自我觀念的改變，便會影響你對外在價值的判斷；也可以說世界上的任何事物，都會因了你的自我而改變。如果內心能夠平靜，自然也能比較看得清外在的環境，遇到事情就不會那般地執著。

❋ 來去自在

若能放下自我，便是得大自在，便能來去自如。這都是內心的境界。也就是說，若要我來，來了很好；若要我去，去也不錯，這叫來去自在。並不是說：你要到那裡，就去了那裡；你要來這兒，就來了這兒。曾有一位禪師，身體雖然被關在牢裡，心裡卻相當自在，旁人問他：「您在牢裡做些什麼呀？」他回答說：「我在遍遊十方三千大千世界。」禪師不但在牢裡身心自由，放出牢去當然也會覺得很好，這叫來去自如。能有這樣的工夫，便是智慧的表現。這種智慧，就是不要把原來不是我而妄想當成我。一個人如果能把自我放得下，不僅是智慧，也有大福報。智慧不見逆境，福報不遇困擾。

——

（選自《禪的世界》）

如何練習不執著？

　　世間的萬事萬物，不論是山川大地、環境中的任何事物與現象、我們的身體、思想、心理反應……等，都是在不斷地變動之中，沒有一樣是永恆不變的，甚至包括所謂的原則、真理，也會隨著時空的不同，而階段性的有差異。到了該改變的那一刻，應該要放下的就要放下，不需執著。

　　但是要做到不執著談何容易，該如何袪除執著呢？不妨試著從理性的分析，和對自己身心的體驗，來練習袪除執著。

❋ 理性的分析

　　所謂理性的分析，就是用「因緣」的觀念，來理解事物的真相。因緣是指一切的現象，不論生理的、心理的或自然社會的現象，都是時間和空間之下所產生的種種關係，是由許許多多因緣條件和合而生的，無法單獨發生，也不會突然出現，更不會永遠不變地存在；只要其中一項因緣條件改變，牽一髮而動全身，原本你以為絕對不會變的事物，就會有了變化。

　　另外一種則是用體驗的方式。我們體驗自己生命的過程，會發現人的生命從小一直到老，到死為止，都在不停地變化，自己的身體、生理在變，觀念也在變。

　　例如一個人，本來是小男孩、小女孩，然後是少男、少女，然後變成中年男子、婦女，最後變成老先生、老婦人，不斷、不斷地在變，如

果要執著，究竟要執著哪一個呢？究竟是十六歲的是我呢？還是八十歲的才是我？其實都不是，因為十六歲的時候已經過去，八十歲的現在也會過去，所以根本不需要執著。

✻ 自己的體驗

從身體的變化可以更進一步來體驗心理和觀念的改變。從小開始，我們就不斷在受教育，也不斷受到環境、父母、老師以及時代變遷的影響，幾乎沒有一個觀念是屬於自己的，都是外來訊息的累積，然後才成為自己的想法。

而這些想法也是會變的，例如當你和別人談話，對方提出一個你前所未聞的新觀念，你聽了以後，腦中的想法可能因此轉變，不要說昨天的看法和今天的看法不同，可能這一刻的你和前一刻的你就不一樣了。

不論從理論上來分析，還是從對自己的體驗，都可以證明，沒有一個永恆不變的我，甚至沒有一個「我」存在，那又有什麼好執著的呢？

不過雖然因緣在變化，但是當下還是有暫時的現象存在。就像一朵花，你今天看它可能好漂亮、好可愛，可是過了幾天，它就會凋謝，不漂亮、不可愛了，可能要換另外一朵花。既然知道事實如此，就不需要對這朵花太執著。因為花開、花謝，是自然現象，不需要太多的執著。

（選自《找回自己》）

> 禪一下
>
> 「無我」是超越「自私的我」，
> 不逃避、肯負責，
> 不計較個人的價值，
> 隨緣運作，捨己從人，助人利他。

放下關卡，
舉重若輕

人生的關卡，可大可小。善於處理的人，舉重若輕；不善於處理的人，舉輕若重。

所謂善於處理，就是能夠掌握當前所遇到的難題、關卡，了解它的嚴重性究竟到了什麼程度？這難題、關卡涵蓋了金錢的損失、名譽的損失、事業的損失、健康的損失，還有生命的損失等。

在這幾種損失當中，最要緊的是生命的損失。什麼都可以損失，就是生命不能損失，其次是健康。健康要保養，金錢則是身外之物，事業可以東山再起，名譽則有客觀的及主觀的感受。

❀ 真金不怕火煉

　　從單獨的、客觀的角度來講，被人毀謗好像是名譽受到了損害。若由主觀的立場來看，表面上名譽好像受損，實質上根本沒有絲毫損失。俗話說：「平時不做虧心事，半夜敲門心不驚。」如果確實不是如流言所說一般，真金是不怕火煉的。縱使鬧得滿城風雨，你的心依然穩若泰山，如如不動。在此情形之下，名譽受損，於你何干？不過，如果能夠處理，讓名譽不受害，當然還是最好。

　　而事業的起落，就像海裡的浪濤。如果事業沒有起落，就會缺少挑戰性，讓人失去警覺心。事業一帆風順，沒有任何令人驚喜或驚險的情形發生，那並不表示成功。真正的成功是在於經驗的累積，以及豐富的人生閱歷，因此，深諳人情，通達事理，才是真正的成功。

❀ 人生的起落是成功的經驗

　　這些人生的起起落落都可以把它當成是成功的經驗，不要把它當作失敗來看待。在人生的過程之中，關關相接，卡卡相連，端賴你如何處理它？如果不會處理，芝麻綠豆的小事都會令你嚇破膽。譬如一片樹葉掉下來，就擔心頭會不會被樹葉砸破了；一隻麻雀飛過去，就深怕麻雀拉一堆屎在頭上，不能見人。假使天天擔心這、擔心那，我們這條命準活不長。關卡有大、有小，小的關卡根本不用在乎，不必理它。要能夠禁得起風吹日曬雨淋，才能彰顯出生命的韌度來。

──

（選自《是非要溫柔》）

如何以平常心看待順境與逆境？

人的習性都是喜歡順境而討厭逆境的，但從佛法的觀點來說，逆境是必然會發生的，而且如果沒有經歷逆境，就不容易成長。既然逆境不可避免，我們平常就該做好心理準備，了解到逆境隨時可能發生，當逆境來臨時，就比較能適應並坦然面對。

✵ 感謝逆境

我們應該試著接納逆境，而且是能處理時就處理，無法處理時，可能是因緣如此，那就把問題承擔下來，並保持心境平和。其實，我們應該

感謝逆境，因為逆境會讓我們有反思與成長的機會。逆境出現時雖然非常痛苦，但是事後回想，如果沒有這種挫折，人生就不會出現轉捩點。從這個角度來看，逆境不也是好事嗎？

我常用一句話來勸勉別人和自己：「當遇到逆境時，要面對它、接受它、感謝它，然後能處理的就處理，不能處理的就承擔下來，然後放下它。」所有工作場合都會有競爭的現象，因為能力強的人會遭人忌妒；能力弱的人又容易被別人看不起，所以在工作場合要試著保持心平氣和、包容的態度，這就是一種慈悲。

❀ 順境與逆境都是平常事

應該感謝逆境出現，即使對方是惡意打擊我們，我們還是要以自己的心境來扭轉劣勢，因為外境不是我們一個人可以轉變的，但只要自己

的心境與想法轉變，就會產生很大的包容心來面對外在的是非，久而久之，連外境都會跟著慢慢轉變。還有，一個有智慧的人，處於順境時，不會得意忘形，會將它視為一般現象，甚至會提高警覺，以防問題產生；而處於逆境時，也不會覺得痛苦，因為這是一種必經過程，不必因此悲傷自憐。許多人認為，職場上的職位只能陞、不能降，因此陷入爭權奪勢的漩渦中。

但是，有智慧的人卻不會這樣看待工作，他會把得與失看成人生的必經過程，既然人人都會遇到順境與逆境，就表示這是一種平常事，而既然是平常事，又何必因為失勢、得勢而難過或驕傲呢？只要我們有了慈悲心與智慧心，則無論處於何處、從事何種行業，都一定會過得很快樂。

——
（選自《不一樣的生活主張》）

10

懂得放下，
才能自在

　　放下，需要智慧。沒有智慧，就放不下。

　　有位法師在公車上讓座給一位老太太，這位老太太是跟著一位中年人、一個小孩一起上車的。這小孩是老太太的孫子，老太太就把法師讓的位子給了孫子坐。

　　法師心中嘀咕：「我是看妳站得不穩，才讓座的。」過了兩、三站，那三個人要下車了，老太太轉頭東張西望，不是找法師，而是找後面一位她認識的年輕人，要他過來坐孫子空出來的位子。

　　法師心裡想：「怎麼有這種人啊？我讓的

位子，妳不坐了，應該還給我，至少跟我說聲謝謝，竟然還叫別人來坐！」這位法師對這件事耿耿於懷，十多年過去了，他還在講這個故事，這件事說明了人性自私，非常可憐，但連法師也不見得放得下。

「放下」是事情過了，就不再牽掛，不再影響到自己。

✿ 冷靜面對問題

我在美國紐約的禪中心靠近拉丁區，治安不太好，有位女信徒晚上來參加打坐、聽經，就在某個轉角，兩個年輕人靠近她，一個人搶了她的皮包跑了，另一個人還對她說：「裡面有什麼東西？我去叫他送回來。」結果當然是不會送回來的。

這下子怎麼辦呢？她慌了，手足無措，只

能來找我想辦法。我說：「快報警。」

「面對它」，是冷靜面對自己被搶劫的事；「接受它」，接受這樣的事就是發生了，時光無法倒轉；接下來的「處理它」，就是報警。

這位女信徒在這件事之後，再也不敢走被搶劫過的路了，有一、兩年晚間都不敢到禪中心。她覺得太危險，不能再去了；萬一又遇到歹徒就太可怕了。後來整個區域治安變好，她才又回來參加共修。

✿ 內心不憂慮

事情發生了，有智慧的作法是看清情勢，出門盡可能不帶貴重的東西，手提包也不要貴氣的。採取了必要的改變和處置，能預防的都做了，就是處理了，就應該要克服恐懼，要放下。

「放下它」，並不是從此不再處理，而是

該怎麼處理就怎麼處理，盡心盡力去做，但內心不憂慮。憂慮是沒有智慧的人，懂得放下，才有智慧，才能自在。

———

（選自《方外看紅塵》）

<table>
<tr><td>禪一下</td><td>平心靜氣地面對眼前的一切事實，
能解決者設法避免，
不能解決者則勇敢地接受它，
安樂即是來自面對及接受。</td></tr>
</table>

提起成己成人心，放下成敗得失心

　　很多人批評他人爭名奪利，卻不知道自己也是一個爭名奪利的人。所謂名是什麼？名有大名、小名，還有出鋒頭的事。當別人獲得益處或光榮的時候，自己的反應究竟是讚歎、歡喜、欣賞？或者是嘲笑、妒嫉、破壞呢？夫婦、父子之間也常會有爭風吃醋、看不慣、放不下的時刻。假若太太比丈夫更有名氣，有些做先生的往往會感到難受。至於兄弟之間，是否能夠做到會為了手足獲得殊榮而倍覺高興呢？多半是會的，有時則不然。

　　我認識一對夫婦，太太榮獲獎狀，新聞被

報章報導，太太滿懷高興地拿著報紙展示給她的先生閱讀。先生接到手上一看，竟然非常不屑地把報紙擲於地上說：「什麼玩意？妳也得獎，哪裡還有天理！」身為丈夫的，不但不因妻子得獎而感到光榮，反而認為太太獲獎顯得比他傑出是件豈有此理的事。

❀ 培養偉大的人格

成就自己目的是為成就他人；若要幫助廣大的人群，必須先要充實自己。在充實自己的過程中，同時也在做著成就他人的工作。正在做著利益他人的工作之時，必然已在促進了自己的成長。然在成己成人的過程之中，難免會遇到障礙，所謂道高魔更高，道高一尺，魔高一丈。因此要能經常把成己成人的心提起，成敗得失的心放下，才能堅定信心，鞏固毅力。走在成功的道

路上，失敗乃是過程之一，失敗的本身，也就是成功的重要因素。但是，一般人只能享受成功的歡樂，卻經不起失敗的歷練，那樣的成功是福報，遇到了失敗便動搖。這也正好解釋了為什麼一般的凡夫好不容易成為偉人的最大原因。其實偉大的人格，是從成功與失敗的交替過程中培養出來的。

我在日本留學的時候，剛選好博士論文的主題，請到了論文的指導教授，進行不久，指導教授突然過世，同學們知道後，便說我完蛋了！不久我又找到了另一位指導教授，我把論文送去，指示要我重寫，又有同學以為我糟糕了！當時的我，雖感到麻煩，但卻認為正好可給自己歷練的機會，沒有成功，也並未失敗。由於有了第一次、第二次的經驗，才會使我珍惜留學因緣，鼓起勇氣，重寫第三遍，最後我的論文終獲順利通

過。由於我相信好事多磨的道理，既已有了心理準備，遇到困難，便不覺得是失敗，也不考慮能否成功，只是繼續努力，做我能做而當做的事。做一日和尚撞一日鐘，過一天日子吃一天飯，凡事盡心盡力，放下成敗得失。

❁ 提起眾人的幸福，放下自我的成就

信佛必須學佛，學佛必須效法菩薩精神。菩薩心中沒有自我成就的企圖，只有成全眾生的悲願。凡是能讓眾生得益的事，便不考慮個人的成功與失敗。凡是眾生需要救助，菩薩便會適時適地出現於眾生面前，菩薩不為他們自己做任何事，並非為了他們自己要成佛而度眾生。

普通人若要學習菩薩的精神，首先得把自己放下來，不論個人的成功與否，必須先把其他的人照顧好。對於家庭，首先要把家人的事辦

好；對於團體，則以共同的利益為前題；對於社會，乃以大眾的福祉為著眼。你如能做到這樣的程度，必可獲得他人的歡迎，看在眾人眼中，你便是菩薩的化身。

——

（選自《禪的世界》）

禪一下	放下一切， 看破一切， 不做是非之爭， 不介人我長短。

12
CHAPTER

得失心與平常心

很多人看了佛經、佛書之後，多少都知道放下得失心的道理，可是，身處企業界，面臨業績及競爭的壓力，便會不知如何調適。

❈ 人人都有得失心

事實上，得失心人人都有，業績不好直接影響收益及老闆的臉色，回到家可能也容易和太太吵架。想要有好的業績，除了體力之外還要加上腦力，而且還要有福德力，也就是一般所說的好運、歹運；運氣是無法操之在我的，而且是無法解釋的，或許是過去世帶來的吧。

所以，面對事業的不如意，不如這樣想：走路走久了需要休息，登山時有上坡也有下坡，只要盡了力就好。業績上升固然好，業績下降也不必難過，難過也無濟於事，不如放下得失心，否則一遇到挫折就失去信心，失去往前走的勇氣，未來的路只會愈來愈辛苦。

❀ 好壞不擺在心上

如果能夠收放自如，得失自在，好壞不擺在心上，只求自己不斷努力，這樣別人會覺得我們可靠，自己也不會失去信心，無論對個人、家庭、社會都是健康的、正面的。

除了業績得失放不下，利益得失也經常叫人難以釋懷。曾經就有一位企業家告訴我，他經常花了原本不願花的錢，弄得心裡很不痛快。

不願花錢而花得不甘心、花得難過，這只

能夠以因果不可思議來說明；另外站在佛教的立場，不妨以「結緣」的心態來面對。有人專門占別人便宜，有的人是專門付出的，社會中這樣的情形很多，甚至家庭中也是；如果再進一步想，就是因為社會需要奉獻，我還能夠奉獻，表示我還是有福報的，而且自己的悲心慈心，便也會因此歷練、成長了。

——

（選自《人行道》）

> 禪一下｜一切萬事萬物的現象，
> 都是因緣生滅，變化不已，
> 沒有永遠不變的現象，
> 這是佛法真理。
> 了解無常，就沒有我執煩惱。

處事四態度

　　遇到事情的時候，特別是比較嚴重問題的時候，我通常用四個態度或者四個層次來處理：第一個就是面對它；第二個接受它；第三個處理它；第四個放下它。這個很好用。

✿ 逃避問題不如面對問題

　　任何問題發生的時候，特別是嚴重的問題、困擾的問題，逃避是沒有用的，所以面對它是最好的。然後你面對它的時候，你要接受它。你不接受它，這個問題還是在那裡。接受它以後，如果你用方法來處理，能夠處理的當然是非常好。

但如果是不能處理的，你面對它的時候，這就是處理了。你接受它的時候也就等於是處理。

✸ 處理後就放下

然後可能你覺得非常懊惱，心裡面忿忿不平，老是心裡邊掛著那件事，很痛苦。這時候你走不下去了，但另外一條路來了，那就應該放下。所以任何事情發生以後，你處理了就把它給放下。

（選自《法鼓山的方向》）

> 禪一下
>
> 自在是不受成見的拘束，
> 以具有彈性的態度處理
> 人、事、物的問題；
> 同時是以平常心面對順境和逆境，
> 隨時珍惜現在擁有的，
> 踏實走過人生的每一個段落。

為何放下自我
就是放下煩惱？

　　煩惱從哪裡來呢？來自於「自我」。很多人以為煩惱是別人給的，說社會不好、政府的制度不好、他人的問題太多，所以困擾我、打擊我，使我很苦惱。其實，天下本無事，煩惱是自己找的，如果能把自我中心放下，煩惱馬上就會不見了。

　　姑且不說能不能把自我中心放下，能放下小我，而擔起大我的時候，煩惱就會減少很多，個人的問題就不是問題了。如果天天為社會問題、國家大事、世界問題而操勞奔走，個人身體上的一點點小病痛，也就無暇理會，不成問題了。

其實，我天天在害病。演講的時候頭不痛，一下台，卻渾身都是病。為什麼？因為講經的時候，沒有想到自己的問題，只想到要把經講好，讓人家聽懂。不擔心自己的時候，身體差一點根本不是問題。因此，我有一句共勉語：「勤勞健康最好。」並不需要健康得像一頭牛一樣，而是說，如果能夠勤勞的話，身心就會是健康的。縱然你可能仍在害病，但是對其他人來講，你的身心是健康的，不是病人。

總而言之，不自找煩惱，就是智慧。有煩惱的時候，不要把它當成困擾，就是沒有煩惱。

——

（選自《福慧自在》）

15

執著與捨得

　　「執著」和「捨得」的分際：為自我的利益而放不下，就是「執著」；為他人的需要而奉獻，就是「捨得」。為他人奉獻而堅持到底，叫作「毅力」，而非「執著」。「執著」是為了個人的私利、名望、權力，放不下、捨不得；總是只考慮到自己的問題，畏首畏尾、顧前瞻後，把自己弄得痛苦不已，這就是「執著」。

❀ 堅持己見不是同理心

　　當然也很有可能會有這種情況：某人認為他的理念是最好的、也對社會最有利，於是堅

持、執著於自己的想法。但這是僅就他自己的立場來看，並不是「同理心」。他自己認為這個社會需要的東西，未必是社會真正的需要。例如：我有一雙鞋，穿在腳上很舒服，就強迫別人也一定要穿，還覺得不肯穿這雙鞋的人都對不起我：「這麼舒服的鞋，你居然不穿！」像這樣的「執著」，這樣的堅持己見，在現在的臺灣經常可以看到。

❀ 善觀因緣

　　我對自己有這樣的期許：我沒有「一定要完成」的目標──當社會環境的「因緣」許可我做、需要我做的時候，我絕對全力以赴；但是當環境不許可的時候，我也不會勉強。因為這個地方不行、別的地方也許還是可以做的。古人說：「達則兼善天下，窮則獨善其身。」這裡的

「達」並不是說自己多麼了不得，而是指社會環境已經「通達」了，能夠讓我提供自己的力量。這時候，絕對要義無反顧、堅持到底去做，就算失敗也沒關係。而當環境不允許，也就是「窮困」的時候，我或許不能有什麼發展機會，但也絕對不會為自己的利益去傷害別人。

——

（選自《是非要溫柔》）

禪一下	人的煩惱網， 不是有誰撒下的， 純粹是作繭自縛， 只要放下比較、計較、 依賴、期待等的妄想心， 當下就不在那口網中。

16 堅持真理
算不算執著？

CHAPTER

很多人一輩子為了追求真理，不惜上窮碧落下黃泉，皓首窮經、遍訪明師，而且還說：「吾愛吾師，吾更愛真理。」好像真理代表了一切。但是，這個世界上，真的有所謂的真理嗎？堅持真理算不算是執著呢？

其實，在我們平常生活中很容易就可以發現，今天大家認為的真理，到了明天，可能就成了妄言。西方人的真理，也不一定是東方人所認同的。即使是強調智慧與真理的哲學或宗教，也是讓人莫衷一是；特別是宗教，往往這個宗教認為是真理，另一宗教卻認為是魔。

✿ 沒有不變的真理

　　從歷史上來看，任何觀念、思想或原則、方程式，都只是在某個時段中，暫時被大多數人認為是對的，過一段時間，有另一個更新的、更好的觀念，或更好的方法出現時，原有的思想觀念或方法原則，就會被淘汰了。例如從古希臘一直到近代、現代、後現代，哲學領域中就有相當多不同的學派，各有各的理論和說法，這些思想就像「長江後浪推前浪」般，隨時代環境的變動而不斷地變化。

　　因此，所謂的「真理」，其實不過是個假象，只能說是目前最趨近於真的，但卻不是永恆的、永遠的、絕對不變的，而是會隨時空變化而改變的。所以，我們這個世界根本不可能有絕對不變的真理；既然沒有不變的真理，就更不應該執著。

即使佛教徒對佛法也是如此。《金剛經》有一個「船筏」的比喻，意思是說：藉著船筏的承載可以過河，可是一旦過了河，就必須放下船筏才能上岸，如果一直想待在船上，就永遠無法上岸。

　　這是說，佛法就好比過河的工具，對尚未過河的人而言，要讓他執著佛法，依佛法所說的去修行。但對已經將佛法運用得很好的人，就要教他放下。佛法所講的「真正的解脫」，是要連佛法都放下、都不執著。

　　當然，對還不懂得佛法，還不會修行的人，佛教徒會告訴他：「佛法是最好的，佛法是真理。」可是對佛法已經有相當體會的人，就要了解到：佛法也只是一個方便法，而不是讓你絕對、永遠執持不放的原理原則。

　　譬如佛法中「常、樂、我、淨」或「苦、

集、滅、道」等生老病死的道理，起初我們把它當成真理、定見執持著，可是一旦運用這些真理幫助了自己，也幫助他人之後，就應該把它放下，才會得到真正的解脫。

✿ 放下真理，真自由

或許有人會問：如果學佛的人連佛法都不執著，會不會心無定見，是非不明、好壞不分？

不會的！這樣的「不執著」，是已經歷經過「執著」的過程。放下之後並不表示沒有想法，只不過這已經提昇到另一個層次，而是以整體眾生的想法為想法，以當下環境的需求為需求，以整體的意見為意見。

當你追求真理之後，又能將所追求的放下，而不執著一個非如何不可的真理，那才是真正的自由！

（選自《找回自己》）

禪一下

可以提起時當提起，
必須放下時當放下，
不要害怕，不要擔憂；
能夠改善則改善，
不能改善則放下，
不必慌張，不必恐懼。

17

唯有能放下，
才真提得起

能放下個人的意見、執著，至少在家中會得到家人的認同。自己認同別人，一定是先放下自己才能做得到，否則，僅僅相信自己而不認同他人，縱然是親如夫婦也會起干戈，更何況是兄弟、姊妹、朋友、同事之間的無法體諒和包容，當然會問題重重、爭鬥不已了。

❀ 恰到好處的退讓

如果每一個人都能站在自己的原則之下，又不堅持己見，且能包容他人的話，從表面上看，好像是放棄自己的立場，將自己既得的利益、權

勢、名望、地位拱手讓人，自己似乎吃了虧。其實，若是恰到好處的退讓，以近處看，好像只是讓給一人而已，就長遠看，說不定將來可獲得十個人、百個人的擁護與愛戴。

例如：有人認為，師父對弟子而言，具有權威性。在佛法的原則上，我會堅持。但是，我不會對我的弟子有相爭的行為表現出來。我的弟子常常會說：「師父，您錯了。」或是：「師父，這件事情您處理得很不恰當。」我會說：「啊！是的，我錯了，是我處理不對。」事實上是不是我真的錯了呢？不一定。站在師父的立場，可能錯誤，但也不一定是處理不當。但是既然有弟子認為我錯了，一定有他的原因，那是站在他自己的立場，認為師父不應如此。我為了包容他，就必須接受他的意見，否則他將難以成為我的弟子。能夠承認對方的想法是對的，因而調整自己

的作法，這就是包容。當我們包容他人時，好像是放棄了自己，實質上並非如此，他們反而成為我的弟子，既然是我的弟子，才能跟隨我學佛，幫助我弘法。所以，還是要「放得下」，才有進步和包容。

❀ 放下自我的主觀意識

放下，是放下主觀意識及自我中心的判斷和考量，但這並不等於是沒有決斷力，而是不用自我的主觀意識來加以判斷。例如：我和學生及弟子們在開會時，我首先會推動他們從主題上獲得答案。要得到答案，必須靠他們自己運作，我不會給予他們任何的意見，僅告訴他們明確的主題和原則，然後再請他們輪流各抒己見。如果一開始我就發表自己的意見，加上自己主觀的色彩，事情運作起來就會有種種的障礙，特別是在

民意高漲的民主社會裡，做一個師父必須學著如何捨棄自我的主觀，才能讓弟子們預期受教。

許多人希望「提起」，總是以自我的利益為優先考量。譬如：自我之陞遷、財務之獲得等等，此無非是為了保障自己及兒孫的將來安全。但是，如果是一個有高尚人格修養的人，絕不會如此。否則，動不動就以個己之利益為著眼點，社會將會動盪不安，我們的眼光一定要放遠、放大，能如此，自己就處於遠大的前景中。

——
（選自《禪的世界》）

| 禪一下 | 佛經說「一切唯心造」，
心的方向是往正面去思考，
就會得到正確的成果；
向負面去思考，
就會得到負面的成果。 |

如何內方外圓
化解我執？

　　待人處世的過程中，「堅持原則」本來是正常的，問題是：你所堅持的究竟真的是原則？還是自己的偏見？

✿ 堅持原則與我執偏見

　　如果對任何事都堅持自己的想法才是對的，堅持要用自己的作法。只管自己，別人的建議和商量，都不願意接受，也不願意為任何人改變，不替別人設身處地著想，到最後可能於人於事都會造成傷害。你以為這是堅持「原則」，其實不是！你所堅持的，不過是個人的偏見，這就是

「我執」。

堅持原則，是指自己所堅持的，也會為其他人所接受；不僅現在的人可以接受，未來的人也可以接受，甚至過去也曾經被人接受過，這才叫作原則。

做人有做人的原則，做事有做事的原則。做人的原則首先要「保護自己」，可是保護自己並不表示要傷害他人；考慮自己的同時，也要尊重他人，自己受益，也希望對他人有幫助，秉持彼此互惠互助的立場，這種原則才是對的。

做事的原則，應該要以大多數人的利益為考量，如果所堅持的原則，是出於自私或為了少數人，或貪圖一時的方便，這就是偏見，就是執著。

但許多人經常分不清到底是「擇善固執」，還是把個人的偏見當成了原則？其實，只要觀察

別人對這件事情的觀感，就能判斷出究竟是偏見還是原則。

如果你的想法和作法，讓每個人都覺得受不了、很痛苦，每個人都覺得那是錯的、有問題的，只有你認為是對的，那很可能就是偏見。能夠符合每一個人或是多數人共同的的想法和意願，那才是原則。

❀ 原則不是一成不變

原則並不是一成不變的，它會隨著時間或區域環境的不同而有所改變，唯一不變的是：一定是為眾人著想，能夠為大家所樂於接受的。

執著偏見的人，就是我執太重。我執會帶給我們很多煩惱，因為自我意識太強，自我中心太堅固，就會堅持自己的性情或想法，全身如同刺蝟般長滿利刺，「稜角」很多，動則傷人，而

無法圓融待人。

所以有人說「做人處事要內方而外圓」，「內方」就是原則，「外圓」就是不傷人。雖然在心裡有一定的標準，可是當需要變通的時候，也不要執意不變，食古不化。必須要有一些善巧方便，觀念想法適時地轉一個彎、換個角度，或是多用同理心、柔軟語，這樣才不會讓人覺得你很難相處，事情才容易成就。

時時提醒自己「內方外圓」的原則，也是化除我執的方法之一。更進一步說，如果我們能夠放下我執，不以自我為中心，任何事情都能看得開、看得淡、放得下，而且能夠包容所有的人、所有的事，自然而然就不會有偏見，當然就沒有煩惱了。

——

（選自《找回自己》）

如何放下自我
接納他人？

　　人，打從初出娘胎開始，就註定了必須面對人際關係的命運。是幸運，也是不幸。因為能有許多的關係人做為自己的支援者，所以值得慶幸；因為有許多的關係人，帶來複雜而多樣化的狀況，而窮於因應，所以做人很難。

❀ 理解他人，接納他人

　　人際的關係能夠圓熟自在，而又不失做人的原則，便會受人尊敬和信賴，自己也會活得輕鬆和愉快。如何達成這樣的目標，幾乎是人人都希望知道的訣竅。

人與人之間的互動關係，其成敗的因素很多，綜合地說，大概不出於：一、接納他人；二、被他人接納。一般人的習性，都是希望他人接納自己，卻不先考慮他人願不願意接納自己。但是，如果雙方都是抱持這樣的心態，必然會造成衝突！如果能先放下自我的考量而理解他人，並且接納他人，便很有可能也被他人接納了。這其中的關鍵便是：若想他人接納我，必先設法接納人。

❀ 做人的方法

我對於做人方法的勸勉，共分三個層次：一、自我肯定的自知之明；二、自我成長的反省改進；三、消融自我的絕對奉獻。

在這三個層次的過程中，以接納他人做為貫串，以識己識人做為溝通，以放下自我做為完

成自我的方法。

——

（選自《書序》）

> 禪一下
>
> 只要不起是非人我之見、不執著，
> 徹底袪除自我中心，
> 那就是空，
> 就是得解脫。

20

如何放開胸懷
做領導？

　　做為一個領導人，最重要的心態是責任，而不是權威。領導者的身分代表著全體的員工，是整個公司信譽和光榮的象徵。

　　企業中，每個人都各司其職，各站在不同的立場，也都有各自的責任。領導人的責任是提供智慧、經驗，和個人的社會資源及財務資源，來為社會服務。

　　企業如何為社會服務呢？首要是凝聚一群與自己理念相同或願意接受自己理念的人，來共同開創一番事業。領導人在這一番大事業中，扮演的只是一個主導者的角色而已，不等於是全體。

整體應是指共同參與的所有人員，包括合夥人、股東、職員，甚至是客戶，也就是在共同的生命體內求生存、求發展，共存共榮的所有成員。

❀ 公司不是私人財產

因此，領導人不能把公司的資金、財產，當作個人口袋裡面的東西，也不能認為公司的動產、不動產，人力、物力、經營的信譽，都是出自於自己一個人的本領，因此有權來任意支配。若有這種心態，一時之間，可能經營得還不錯，事實上，已暗藏著問題。會造成其他人員心中的不平衡、不服氣，因為他們也出了力、盡了心，付出了他們的貢獻。

有些領導者會認為，局面是自己奠定的，事業是自己創造的，財產是自己經營滾轉出來的；員工只是工具，他支付員工薪水，員工幫他

賺錢，就好像他養了雞，雞生蛋給他吃一樣。將員工當成賺錢的工具的老闆，如果是在封閉式的社會，還沒有人會覺得有什麼不對，但當社會開放之後，員工就會心不甘情不願，甚至離心離德，敢怒不敢言。一旦公司發生危機，有什麼風吹草動時，員工難免就要出現眾叛親離的狀況了。因此，老闆應有這樣的共識：公司不是屬於個人的，而是屬於大眾的，甚至自己也只是奉獻給公司的一分子而已。

❀ 把誠信放在心上

經營企業的過程，就像人生一樣，有起有伏，做為一個老闆，要有勝敗乃兵家常事的雅量。隨著環境的變遷，隨著時代的變動，任何一個機構都會有起有落，有經營得很辛苦的時候，也有經營得非常順利的時候。如果負責人不會做

人，老闆的心態有問題，領導方式像是個秦始皇、拿破崙，那麼在公司順利的時候，沒有問題，大家都會聽他的，因為聽他的人才有飯吃，才有錢賺，才有前途。但是一旦公司產生問題而走下坡時，老闆就會很倒楣、很痛苦，因為就要面臨眾多員工求去的局面了。

所以做為一個老闆，得失心要少一些，一定要把誠心、信譽放在心上。除了寬待員工，對客戶也不能失信、不能怠慢。公司的服務好、信譽佳，就是老闆的光榮及成就。如果公司經常受到政府的獎勵，受到媒體的報導，獲得社會大眾的好評，這種被社會公器公認的榮譽，不僅是老闆的經營有方，更是全體相關人員共同生命力的展現。

———

（選自《是非要溫柔》）

包容才能溝通

　　所有的人都有堅持己見、自以為是的習慣。這是「眾生相」，眾生各有各的長相，各有各的心相；我們得承認，每個人不僅相貌互異，思想的模式、觀點也都不盡相同。

　　我待人處事通常是設定在無我的立場，無我並不等於放棄自我，而是包容他人；但不是以個人的自我為中心來包容他人，而是以大家的觀點來包容他人，這樣就不會有自我執著。換言之，無我的意思是允許任何觀點或任何現象的存在，並且明白任何舊觀點都會改變，任何新現象也都可能出現，就像長江後浪推前浪，世間的現

象就是不斷地在變動。過去被人認定的真理，今日可能會被另外一個真理所代替；一個新的定律出現，日後又會為另外一個新定律所取代。

✿ 公是公非的原則

時代的巨輪不停地向前推進，任何觀念終究也會被另外一個觀念所取代。任何一個觀念的出現，必然有它的原因和作用，但總有一天又會被遺忘，之後，另外一個觀念又出現，正所謂各領風騷數十年。又如同正在舞台上演得渾然忘我的演員，下了舞台後，另一批演員會再度出場，沒有一定的角色是台上的，也沒有一定的角色是台下的。時而台上，時而台下，交錯進行著，沒有永恆且獨立存在的現象，只有因緣的聚合離散，在聚與散之間，沒有一個實質不變的現象和「我」的存在，這就是「無我」。

至於整體所包容的一切，平常稱為「大我」，也不是經常或永恆存在的。放下自我，沒有小我，也沒有大我，那才是無我。不過，整體的大我是無我的過程。例如，夫妻之間，維護一個家庭就是一個整體的大原則，這是公是公非，一旦危害家庭的完整性，那就是私是私非。夫妻如果各執一詞，彼此鬥爭不已，這個家庭就沒有辦法維護了。要挽救瓦解的危機，唯有靠雙方真誠的溝通與妥協。當你認為最好的，你的配偶沒辦法接受時，不妨退而求其次，採取次一級的公是公非也是途徑之一。此外，團體有團體的公是公非，公司有公司的公是公非，國家有國家的公是公非，世界有整個世界的公是公非。

❁ 傑出來自胸襟的開闊

　　其實，認為環境或事物不理想，其實是來

自內心有一個理想標準的反映。人與人之間,要彼此相互尊重對方的想法。所謂民主的時代,就是平民的時代,不是僅僅靠幾位傑出人物就能運作出來的時代。但傑出的人物能看到遠景,清楚大局,一般人是不容易看得到的。因此,傑出的人,要善用智慧並且盡其所能來讓大家明白遠景是什麼?大局又是什麼?要不斷地公開宣導,更重要的是開放胸懷、察納雅言,讓大家有表達意見的管道。

　　一般人的想法是平庸的,平庸是正常的。公是公非本身就是平庸的想法、平庸的觀點。傑出的人才要為千年大計、甚至萬年大計設想,為無限的空間規畫。有遠大眼光的人要能包容平庸的人,要設身處地為平庸的人著想,他們究竟在想什麼?他們的需求又是什麼?要保護他們,讓他們能平安地一步一步向前走。

能夠包容平庸的人，才能夠遠大、恆久，才是現在與未來的領導人。否則僅僅一時得志，猶如高空中的彗星，光芒萬丈，瞬間消逝。

——

（選自《是非要溫柔》）

禪一下

在面對任何人、事狀況時，
心中只有包容，沒有敵人，
只有慈悲，沒有怨恨，
內心平安寧靜，
就能達到自安而安人的目的。

陞遷如何免招嫉？

　　人事陞遷可由三方面來談。首先，站在老闆的立場來看，要多方評估誰最適合這個職務，然後再把最適合的人選安置上去。如果受到人情的包圍，先考慮哪一個人是最可靠、最聽話、最沒有爭論的人，那麼老闆就很難順利安排人事，來達成既定的工作目標。

　　以我來說也是一樣。每個徒弟、每個信眾，我都把他們當成現在的菩薩、未來的佛看待。但是當為了工作職務而安排人事時，工作就是工作，職務就是職務，一時的不適用，可以給予職前訓練。如果來不及訓練，就要考慮另外再找比

較適合的人選來擔任，然後再慢慢培養人才。為了完成工作目標，必須因事用人，不能因人用人。

❁ 用人要適職

要把適當的人員安置在適當的位置上，也就是所謂適職，應包括才能及人品。所謂才能，指的是他完成任務的能力，例如：專業能力、反應能力、溝通協調能力，以及學習成長的潛力等。所謂人品指的是他的人格操守，例如：忠誠、廉潔、盡職負責，會不會假公濟私、會不會貪小便宜、會不會投機取巧、會不會有男女之間的問題等。

其次，站在被擢陞那個人的立場來看，可能會面臨一些尷尬的場面。譬如，可能有人會議論說，另一個人平常表現都比他好，為什麼是輪

到他呢？這其實是很正常的。講這種話的人，通常並沒有惡意。他可能只是看到他所熟悉、所認識的人的某一方面而已，不必介意。如果這些話傳得很廣，影響到很多的人，倒是可以找他談一談，了解他的看法，並且客觀地跟他分析這幾個人選的條件，以及為什麼公司要做這樣的安排，讓他了解公司的政策與整體運作的考量。

被擢陞的人也不用在意別人的議論，如果太在意，是很難做事的。也不需要主動去安撫這些人的情緒，因為他們很有可能不會接受你的安撫。

❀ 容納異見的心量

但是被擢陞的人，也要有雅量容納這些不同的聲音，甚至於反對的聲音。一旦上任履行新職，對正、反兩面的屬下及同事要一視同仁，

不能以差別心相待。俗話說：「宰相肚裡能撐船。」當主管的人，不是只照顧一、兩個人而已，是為了團體而照顧所有的人。其中有一、兩個人，雖然不喜歡你，你還是要包容、接納他，不要排斥他。要把兩人之間不協調的情緒化解於無形。要做到對方雖然說了很多閒話，但你上任時，並沒有對他特別不好。久而久之，人心也會改變。如果沒有轉變，也沒有關係，你就把他當作相反適相成的助力吧！能有阻力才能讓你更成熟、更踏實。

此外，站在沒有被擢陞的人的立場來看，有的人認為他的能力可能超過被擢陞的人，人品、年資，樣樣都夠，就是沒有被調陞。這時候，難過也沒有用，你的能力與人品都好，固然是事實，不過，別人的運氣比你更好。別人的福報好，陞遷的機會自然就多一些；福報不夠多，

再怎麼努力也是得不到賞識的。甚至也有可能被陞遷的那個人的所有工作成績，原來都是你幫他做出來的。也就是說，老闆只看到他的表現，沒有看到你在幕後的功勞。也或許老闆也看到了你的能力和功勞，仍覺得你尚不適任更高層次的工作，這個時候該怎麼辦？

沒有關係，因緣如此。坦然地面對這一切，歡喜地接受這一切，這個時候，你的心也會放下，過著快樂自在的人生；職務的陞遷與否，和人生的幸福，並沒有一定的關聯。人生的價值是在盡心盡力的奉獻，也未必要由職務的陞遷與否來做衡量。

——

（選自《是非要溫柔》）

柔能克剛的不倒翁

所謂的「柔軟心」，是指把自我減低、減少、減輕，不在人際間架設心防，也不為自己設想，心胸全然敞開。所以，凡是自我主見很深、自我中心很強的人，是不可能有柔軟心的，而佛法所說的「無心」，事實上就是最徹底的柔軟心。

「無心」的「心」，是指以自我為中心的心，當我們放下這顆自我心時，才能真正變得柔軟，否則別人多說你兩句，立刻就會武裝起來，變得有稜有角，不但無法心平氣和地溝通，還很容易受傷。

因此柔軟心和佛法所說的「空」息息相關，唯有體會到自我和一切的事物，其本質都是「空」時，心胸才能真的敞開。

✤ 柔軟心的保護力

培養自己的柔軟心，是利人利己的好事，因為如果能夠消融自我，遇事時，雖然你還是你，但是不會那麼容易被別人的言行舉止刺傷。而且你不傷害別人，別人也不會故意傷害你，所以柔軟心可以說是對自己與他人的一種保護。

就如《老子》所說：「天下莫柔弱於水，而攻堅強者莫之能勝，以其無以易之。」水是天下最柔軟的東西，卻可以滴水穿石。水沒有一定要去的地方，但只要有空隙它就處處都去；而且它的型態不斷變化，遇到冷的變成冰，遇到熱的變成氣，遇到什麼就變成什麼。雖然一直在改

變，但是無論怎麼變，它的本質卻始終不變，這是因為它始終掌握住自己的原則。

一個真正柔軟的人，就像菩薩一樣，他只有一個方向，就是幫助所有眾生得到利益；只要眾生能得到利益，無論要他變成什麼都可以。

為了讓眾生得利益，自己必須變得非常柔軟，也就是說會隨著眾生的因緣而改變自己，但萬變不離其宗——即使千變萬變也不會改變原有的方向與目標，這才是真正的柔軟。

如果一直變化，變到忘卻既定的方向，或是喪失原則，那不是真正的柔軟，而是人云亦云、隨波逐流。而且所謂的「眾生有益」，是真的有益，不是存了好心，結果卻做了壞事，其間的標準便要以「智慧」來衡量。

✻ 柔軟不是柔弱

此外，「柔軟」不是「柔弱」。柔弱的人非常脆弱，很容易因為別人的欺負而受傷害，而且一旦跌倒了就再也不想站起來。但是有柔軟心的人，不會受人欺負，因為這種人就像水一樣，很有彈性，懂得順應情況變化，或繞圈、或轉彎；即使別人踢他一腳，他倒下來以後，又可以馬上站起來，就像不倒翁一樣，這就是所謂的「柔能克剛」。

堅強和柔軟本質上也是相通的，堅強的人韌性非常高，不容易被挫折打倒。以我自己為例，我的身體很瘦弱，運氣很不好，智慧也不夠高，但是我永遠都循著同一個方向努力。在某些情況下，我可以停下來暫時不走，或是轉個彎，不一定要直走，但我一定會朝著同一個方向前進。所以一路走來，走到今天，無論走的是大路還是小

路，總算走出一條路來了。

——

（選自《從心溝通》）

禪一下 | 當有慈悲心的時候，
別人怎麼對你，你都能夠接受，
既能忍苦也能夠忍樂，
亦能忍受失敗；
如此一來，
成功時，也不會得意忘形，
因為看到一切諸法是空的。

放不下該怎麼辦？

嚴陽尊者問趙州從諗禪師：「一物不將來時如何？」趙州答：「放下著。」尊者問：「既是一物不將來，還放下個什麼？」趙州說：「放不下，擔取去。」尊者大悟。

這是趙州禪師，幫助嚴陽尊者開悟的一則公案。

我們常聽人說，生不帶來死不帶去，生時兩手空空的來了，死時兩手空空的離開；可是在一般人的經驗中，卻無法做到這個程度，總是有許許多多的牽掛。有人出生時體健家富，有人出生

時體弱家貧，這怎麼解釋？難道不是前生帶來的福報和苦報？然而如果真的能夠放得下，就毋須計較有沒有什麼東西，可以在生死之間帶得來、帶得走的。同理，認為自己有福報、有智慧、有立場、有成就，也都是放不下，都是執著、是煩惱、是痛苦的根源。真正有智慧的人，不僅不以為出生時未帶任何一物來，死亡時不帶任何一物走，也不會把前念的過程牽掛到後念的心上；活著時面對現實的環境，盡量做自己能做的事，奉獻自己能奉獻的心力、體力和財力，隨時提起責任，也隨時放下執著。若能如此，就不會有多少煩惱、痛苦、遺憾、渴望、憂慮、悔恨等的困擾來折磨你了。

✻ 一物不帶來

此處嚴陽尊者的問話，可有兩層意境：一

層是怎樣才能算是一物不帶來？另一層是如果真的能有「一物不帶來」的修養工夫，就該是開悟了。未開悟的人又怎麼樣呢？他既擔心不開悟，又想知道開悟怎麼一回事，顯示出他是一個正在被自我的煩惱所困擾的人。因此趙州禪師開示他說：「你放下吧！」意思是叫他放下什麼帶來不帶來的問題。尊者還是未能領會，所以又問：「如果我已一物不曾帶來，那還有什麼需要放下的？」他仍茫然，不知道要放下什麼？如何放下？趙州再幫他一個忙：「好吧！你既然放不下，那就擔起來吧！」

　　最後一句話使得嚴陽尊者開悟了，那是因為趙州點出「既然放不下，想必你知道放不下的是什麼？那就把它擔起來呀！」這時尊者驀然回頭一想，既沒有帶來什麼，也沒有什麼是需要擔得起來的了，心中豁然，如釋重負，如病頓消，

因而開悟了。

❀ 放得下也擔得起

　　的確，生時兩手空空的來，還有什麼好放下的，死時兩手空空的走，還有什麼要擔起的！最痛苦的人，是既放不下又提不起；如果你能做到既提得起也放得下，那就很好；如果你覺得根本沒什麼好提起的，那也不用放下什麼了，那就更輕鬆了。

　　不過，身為平常人，責任心需要擔起來，執著心應該放下些。你具備有什麼身分和職任，就當盡心盡力盡你的責任，對於人人追求執著的金錢、事業、名利、權勢、愛情、兒女等，有了當然好，沒有了，你就在心中放下吧！遇到順利當然好，遭到困境，與其氣憤不平，不如退一步想放下吧！萬一放不下，就面對它、接受它吧！

你就做一個放得下也擔得起的正常人吧！

——

（選自《公案一〇〇》）

禪一下 ｜
若要改頭換面，
成為一個獨立自主的智者，
必須先要放下自以為是的自我，
才能尊重他人，關懷他人。
人在世間，
只有身分和立場，責任及義務，
並沒有特定不變的自我。

25

好心不得好報
怎麼辦？

凡是有我，便煩惱無比，付出多少，就想回收多少，甚至想連本帶利地回收。付出一塊錢，則期待下個月回收一塊一毛，擁有一毛的利息。付出一塊，如果下個月仍回收一塊，心裡便想：「啊，倒楣透了！投資錯了。」如果投資一塊錢，回收兩毛錢，便覺得蝕本了，很煩惱。

又譬如，我收徒弟，栽培了幾年，最後還是離開了。養一條狗，狗走時還會搖搖尾巴，收了一個徒弟，走時卻可能倒打一釘耙，如果我因此煩惱不已，從此再也不收徒弟了，這是有我呢？還是無我？

這是有我。

✺ 先盡到自己的責任

所以，我經常這麼想，人家對我如何，我是不管的。我應該對別人怎樣，卻很重要，我必須先盡到自己的責任。我常常反省，我究竟像不像一個師父？像不像一個法師？是不是對得起我的徒弟？對得起我的信眾？至於，我的徒弟對我怎麼樣，那是他們的事，我已盡了我的心，如果徒弟、信眾對我不好，我還是要反省自己，是不是自己無德無能，無法教育、感化他？是不是自己盡的心力不夠，所以無能教好他？這是我自己的責任，不能怪他們。如果有人批評他們，我會說：「你不要批評他們，這是我自己沒有盡到責任。」

❀ 無我相、無人相

　　我並沒有得解脫，所以還是「有我」，當有人批評我的時候，我心裡還是會動一下，像是「指南針」一樣。指南針靜止時原是不動的，但是，稍微將它晃動，指針就會動一下，然後再恢復為原來的狀況。所以，在動一下之後，我會馬上調整自己，對自己說：「無我相、無人相、無眾生相、無壽者相，我動什麼啊？」

　　對世間要永遠付出慈悲心、關懷心，不要有怨恨心，也不要對任何人失望，這才能功德無量。否則，做了一點點功德沒得好報，便不做好事了，這還有功德嗎？如果好心不得好報，這也是正常事，不必太過在意。

———

（選自《福慧自在》）

如何開放溝通
化解爭執？

　　為什麼很多宗教間常會爭執不休，甚至不
惜一戰護教？這是因為每個宗教的立場不同，當
只考慮到自己一方，忽略尊重對方的需求，就會
產生衝突。當基本立場不同時，見解要達成一致
是很困難的。

❋ 保持開放的態度

　　像是佛教徒和非佛教徒之間的意見就經常
不同，即使同樣是佛教徒，想法也不一定相同，
但是彼此在溝通協調後，就會找到交集。因為在
對談當中，一定可以發現共同利益的存在，共同

利益總是重於個別利益，由共同利益著眼，共同的方向與原則也會隨之出現，如此一來，就變成六和敬的「見和同解」了。

　　要注意的是，溝通時的態度非常重要，也就是說，要保持一個非常開放、願意接受別人觀點的態度，而不是一味堅持己見。想要求「和」，就要採取主動，並不是要求別人來與自己相合，如果本身沒有「我願意跟你和」的誠意，對方如何與你溝通？「和」的效果也就無從產生了。有了誠意以後，還必須清楚表達自己的立場，同時也要了解對方的立場，如此就可以找到共同點；有了共同點，才能夠攜手合作；既然可以攜手合作，就一定可以互蒙其利。

✿ 用智慧創造雙贏

　　就好像在職場裡，常因部門不同，所以見

解、利益也都不同。例如財務部門抱怨新聞部門花錢太多，應該節省開銷，少用衛星轉播；新聞部門就會反駁說：「沒有經費，我們怎麼把新聞做好？」在這種情況下，想要達成見和同解就必須雙方配合，彼此做到不讓對方為難才可以，否則工作便無法進行。新聞部要考慮到財務部有一定的預算，財務部也要為新聞部著想。考慮愈多，潛力愈會被激發出來，在精打細算的情形下，運用頭腦及人際關係，才能做出最好的新聞效果，這就是用智慧創造了雙贏。

和平與戰爭一樣都是求和的手段，但是求和的真正目的是希望達到彼此的合作、和談，而不是用武力壓制對方，再命令對方對自己言聽計從。武力壓制的結果，短時間內也許是敢怒而不敢言，但是只要一等到機會，就會馬上起而反抗、倒戈相向。所以，一定要為他人的利益設

想，在「為你好」的情況下才能夠達成求和的目的，如果只為自己著想，那是永遠都不和的。

———

（選自《工作好修行》）

禪一下

要有大慈悲心，
要有柔軟忍辱的工夫，
而且要體驗到自我就是煩惱，
自我中心、自私自利是種痛苦，
當痛苦時，
就趕快把痛苦看成空，
痛苦自然會減少。

27

CHAPTER

當作假的看，
當成真的做

　　有一位近代的名人，他的太太跟一位洋人到香港同居，朋友安慰他，他卻一點都不難過，反而說：「這有什麼不對，既然有人看上她，就表示我當初的眼光沒有錯，我覺得好的，人家也覺得好。」這位仁兄真是看得開，結果他太太跟洋人同居一段時間後，倦鳥知返，又回來了。他很高興，接風款待她，人家問他：「為什麼你太太回來，你要替她接風？」他回答得很妙：「是我的太太呀！她出去了一段時間又回來了，是我的太太就是我的。這表示我才是她終身相愛的好丈夫，我怎麼能夠不高興。」此公雖然是個基督

徒，但是佛書看得多，懂得真假的道理，所以看得開，也放得下煩惱。

❋ 人生如夢

若以得失心和執著心做任何事，便不會成功，事情做不大，也做不好。例如大家都有考試經驗，當進入考場，拿著卷子時，假使心裡緊張、著急、怕考不取，第一個題目還沒答完，就顧慮到第二、第三個題目是不是懂；看到有的不懂，就非常洩氣，覺得一定考不好。這是太當真、得失心太重的緣故。因此老師常常告訴學生，考試時不要緊張，應放鬆心情。若會考試的人，一定不會患得患失，考得取最好，考不上也沒關係；考上第一志願固然好，考到最後一個志願也沒什麼不好。人生如夢、如戲，要把它當作假的看，之後，再把它當真的做。以這樣的心態

好好地準備考試，你會減輕了心理的壓力，且考得會比緊張狀態所得的成績要高。

✿ 遲一點沒有關係

　　就我個人而言，在我四十五歲那年得到博士學位以前，我是學生；得到學位以後，我便和我的教授平等了，我稱他們為博士，他們也稱我為博士。有人年輕時就拿到博士學位，有的人到了晚年才拿到，這兩者是不是不同的名詞呢？不！完全一樣，所以早一點、遲一點沒有關係。何況這是一個符號，是一個假相、假名，有了它當然有某些用處，沒有它，你同樣有你的用處；如果說得不到它，就無顏見江東父老的話，從佛法的立場看，便是愚癡漢的行為了。

——

（選自《禪的生活》）

28
CHAPTER

事過境遷，心裡
如何不留痕跡？

問：明朝洪自誠寫了一本《菜根譚》，其中有一句話：「風來疏竹，風過而竹不留聲。」是不是勸人不要對種種現象產生執著，就像風吹過竹林之後，沒有留下一絲風聲！

答：《菜根譚》這本書的影響很深遠，其中所談的為人處世之道非常豁達而懇切，論點也非常健康，含有佛教、道家、儒家等思想，而且禪意特別濃厚。

「風來疏竹，風過而竹不留聲」是說當風吹過竹林時，竹桿搖搖晃晃，竹枝熙熙攘攘，竹

葉嘈嘈切切，但風吹過之後，並未在竹林裡留下聲音。這正是事過境遷或事過而境不留的寫照。

❀ 時過境遷、事過境遷

在人的生命過程中，繁葉蕭瑟、起起落落是很尋常而且不斷上演的事。

最近有一位居士剛從美國讀了七年的書回到臺灣，得到一份在大學任教的工作，他告訴我：「師父，我在美國的時候住在小閣樓裡，天熱時沒冷氣，天冷時暖氣不足，經濟又很拮据，必須去打工，還好苦難已經過去了。」日前又遇到一位昔日的學生，到比利時留學之後回母校教書，我見他很憔悴，問他怎麼回事，他說：「我非常緊張，要準備課程，要應付學生，要適應環境。我不會做人，很辛苦。」

我舉這兩個例子是在說明時過境遷、事過

境遷，而且時時刻刻都在時過境遷、事過境遷的經驗裡；非但如此，我們也時時刻刻面臨新的狀況和考驗，老是有風來吹你的竹子。

❀ 無心道人

在自然現象中，風來的時候竹子也許被吹得七歪八倒，吹過之後竹子不再發出聲音，不會記著它被風吹過，也不會擔心還有風吹來，更不會恐懼被風吹出什麼後遺症；被吹就是被吹了，竹子毫不在乎。但事實上風還是會來，一陣一陣地，竹葉也許被打碎，竹桿也許被吹折——痕跡是留下了，但風聲不會留下。

人的一生多半如此，但不要老是埋怨風把我吹成這樣，也不必懷念和風徐徐的時候；吹過就吹過了，心裡不留痕跡，這是「無心道人」的境界。當面對任何情況時，心中清清楚楚，知道

面臨的是什麼，能處理的就處理。事情過了之後，不必對當時的榮寵洋洋得意或眷戀，也不必對當時的落魄鬱鬱寡歡或喪志。風已經吹過了，還有什麼聲音呢？

——

（選自《聖嚴說禪》）

| 禪一下 | 如感覺煩惱，
一定是自我中心的得失在作祟，
把自己放開，
煩惱就會解除。 |

29
CHAPTER

你了解自己嗎？

　　從佛法的立場來說，照顧自己的目的，就是為了發心關懷別人，所以並不自私。然而，必先了解什麼是「自己」？什麼是該得到的「照顧」？否則，為了貪得無厭的目的而照顧自己，反而會害了自己。進一步說，很多人連照顧自己的方法和原則都弄不清楚，而口口聲聲強調要照顧別人、關懷別人。那麼，被照顧及被關懷的人，能否獲得正確的照顧和關懷，便有疑問。原意是存好心、做好事，結果往往適得其反。

❀ 誤解放下自我

許多人剛接觸佛法時，對於佛法的「放下自我」，存有誤解。於是，產生兩種不同的結果：

第一，非常消極：這也是很普通的現象，他們由於放棄自我的尊嚴而不再努力，不能肯定自我的價值而不負責任。不懂得真正照顧自己的人，當然也不會真正去努力修行。

第二，非常積極：他們自以為立志奉獻自我，不再自私。因而到處廣結善緣，並且強迫別人接受他們所認為的好事。實際上，很多宗教家、革命家、政治家，都有這毛病。他們的出發點是為了救世救人，由於不了解自己，不懂照顧自己，也不能設身處地為他人著想，他們的積極，非但不能為人類帶來福音，反而引起世界諸多的鬥爭、殘殺等的災難。

✿ 要了解自己

我們必先了解了自己，知道了自己是什麼樣的人？什麼叫作人？人是怎麼構成的？才能進而理解佛陀所講的眾生，是有種種根性、種種差別和種種需求的。因此，才會有千手千眼觀世音菩薩信仰的出現，來普應眾生各種不同的需要。也就是先要自覺才能覺他，自利然後利他。

——

（選自《禪門》）

| 禪一下 | 真要斷煩惱，
是要面對它、接受它、
處理它、放下它，
而不是逃避它。 |

能屈能伸大丈夫

　　在日常生活中，幾乎每一個人都會發生這種情形。有人說：「我做不做官無所謂啦！」其實他講這句話的時候，相當在意自己做不做官，不過他能體會到「做官很好，沒官做也沒辦法」，所以才這麼說。做生意的人也會講：「有錢賺很好，沒錢賺也沒關係。」畢竟他還是希望有錢賺，如果實在沒錢賺也沒辦法。有這種想法已不錯，但不是大智者。

　　真正有大智慧的人，有官做很好，沒官做也很好，都於他無礙。很多人口中說：「我做官是為了人民，我賺錢是為了社會。」

其實心中想的是：「有官做對自己比較有利，有錢賺對自己比較方便。」先把自己擺在其中！這沒什麼不好，問題在於「有官做、有錢賺時是否洋洋得意、自認尊貴？沒官做、沒錢賺時是否落寞失意、自覺窩囊？」如果居廟堂、賺大錢而不覺得意，下官位、處蹇澀而不覺失意，這才是「能屈能伸大丈夫」。伸屈自如而自在自得，才是真正的智者。

能屈能伸不容易，大丈夫也不多，但做人總希望少些煩惱、困擾、痛苦，多一分愉快，那就該學學禪者的智慧。即使學不起來也不妨模倣一下，能夠模倣也是一種幸福的享受。畢竟，人不可能永遠風光、永遠得勢、永遠順利。

——

（選自《公案一○○》）

合作與服從

　　現代社會，大部分的人會用「合作」來取代「服從」這兩個字，例如警察偵訊嫌疑犯時，雖然希望他能自己承認是否做了壞事，但是不能命令人，只能請對方合作，配合警察機構的調查需要來填寫資料和報告，透過合作能避免問題更加複雜。

　　現在很多的主管或長官，對他的部下和職員也會這樣講：「請你們大家配合」、「請你們大家合作」。實際上，他是一個命令或是一個指示，但一定要這樣表態，這就把合作和服從的定義模糊了。

合作是彼此互相配合

是不是服從就是合作？合作就是服從？服從與合作之間究竟有什麼不同？服從是屬於階級性的從屬關係，上對下是命令，下對上則是服從；服從也是屬於少數和多數的互動關係，少數人必須要服從多數人的表決，當少數人的意見不能夠為大眾接受時，就只有面對現實，服從多數人的意見。但在事實上，現在有很多的人是用合作這個名詞要求別人服從，或是把合作誤解成服從。其實合作真正的意思，是希望透過大家共同的努力，來完成共同需要的、希望的目的或事業，你提供你有的、我提供我有的，例如我出錢、你出力，或是我出力出錢、你出主意，共同成就一件事，這樣彼此互相配合就叫作合作。

此外，或是說我做這一部分，你做那一部分，我們朝一個共同目標來分工合作。就像是工

廠裡的各種部門，分別負責做成各式各樣的零件，最後組合成一樣機器或是一件衣服，這也是分工合作。

✿ 懂得妥協

無論是在一個家庭裡、一個社團裡或是在社會裡，大家都需要合作。合作一定要有技巧，要有溝通協調的過程，因為人與人之間，你想你的、我想我的，一定有所差異，因此需要溝通想法，溝通以後才能夠互相諒解，才可以折衷地選擇兩方面的意見，如果雙方都堅持己見，那就不能合作了。

協調溝通之餘，還需要適時地妥協，妥協就是讓步，如果各有堅持、互不讓步，一定會引發衝突，很容易變成沒辦法收拾的局面。如果這種衝突發生在家裡，就可能導致離婚；發生在公

司，則可能使部門間產生分裂了。

所以，除了顧全大局之外，還要懂得妥協。因為你不容易讓步，那我只好先妥協了，當你漸漸了解我其實是妥協求全，也許你就能夠體諒我，那時候我再慢慢轉變你，讓你了解我的意見也不錯，這樣就又能夠合作了。所以，合作是一種協調，服從則是命令，其間是大有差別的。

——

（選自《工作好修行》）

| 禪一下 | 自己所擁有的，
不論是權勢、名利、眷屬等等，
雖有而不要患得患失；
這樣就能活得愉快一些、自在一些。 |

如何不執著
自己的名字？

　　洞山良价圓寂前對弟子們說：「我有閒名在世，誰能為我除掉它？」有一位沙彌站出來說：「請問老和尚的法號是什麼？」洞山說：「我的閒名已除。」

　　這則公案講的是人對自己名字的執著，必須放下。從主觀的立場看，自己的名字就等同於自己全體的價值，凡是跟你自己相關的，都跟你的名字連在一起，這就構成了自我中心的膨脹。從客觀的立場看，名字界定了你這個人的存在，代表你這個人的立場。

❈ 惡名與美名都是假名

然而，名字是假的，在未生之前固然沒有，在世之時名字也並不等於你自己，像是臨時標貼的一個符號，因此每一個人都有一個以上的名字，也有許多不同的人卻用著相同的名字，在死之後，你的人已不在，縱然名字還在，早已不是你了，那不過是一個符號。可見你的名字跟你這個人並無一定的連帶關係，故稱「閒名」。也可稱做虛名、浮名、假名，不論出名不出名，惡名或美名，都不是真實的你。

有人主張，「名譽是第二生命」，從對於一個人的客觀影響而言，是不錯的，若就一個人的主觀價值而言，那又未必是真理了。

❈ 為後人除執著

洞山活著的時候，他的法號「良价」這個

名字，已不能具體代表他這個人，他去世之後，名字已不能代替他說法度眾生，卻還會有人把他的名字當作在世時的「良价」禪師，念過來念過去。因此，他臨終之前提醒弟子們：不要把他的「閒名」當作住世時的他啦！一般人不僅在世時爭名奪利，還在乎去世後於青史留名，因此而沽名釣譽，追求虛名，結果反被盛名所累。老子說：「為善毋近名。」似乎也對。

照理，對於一位得道的高僧，實至名歸或有名無名，都不會介意，然而，洞山欲除閒名，是否也算執著呢？不，他是為了後人除執著，而非他自己有執著。

這時有位高明的沙彌站出來詰問他：「你的法號是什麼？」這個沙彌明知他叫良价，還要戳他一下，意思是說，老和尚，你還在意有閒名留在世界上嗎？如果放它不下，那就除不掉啦！

他被這麼一問，知道已達目的，便說：「我的閒名已除。」

就洞山內心而言，他沒有名字，他唯有人人都有的道法，可是世人看不到道法，卻把他的名字當成他的道法，可謂認錯對象了。洞山用心良苦，臨終之際，還叮囑世人，不要貪閒名，不要執閒名，應當求道、求法，開發各自心中的寶藏。真是暮鼓晨鐘，發人省思。

———

（選自《公案一○○》）

> 禪一下
>
> 多一分客觀少一分主觀，
> 就能多一分和諧諒解，
> 少一分煩惱爭吵。
> 不要拿主觀的自我來衡量他人，
> 這是做人應該具備的修養。

33

CHAPTER

非做不可？

　　禪修者跟平常人同樣是人，但心態不同。同樣一椿事，在平常人認為是非常的重要，可是對禪修者來講，重要是重要，卻不是絕對的重要，乃是「平常的重要」，就是該完成的事，需要完成它；該去做的事必須去做，這叫作「重要」；但「不是絕對的重要」，這又是什麼意思？就是該做的事，是從你的觀點、角度看，那是一種責任、良心，但如果因緣不許可你做，也就沒有什麼不得了。

❀ 不是絕對的重要

　　這個世界上沒有非做不可的事，也沒有非你不可的事，這就是「雖是重要，但不是絕對的重要」。為什麼沒有絕對重要的事？因為「因緣」不可思議；成功和失敗，都不是僅僅靠你一個人的主觀條件所能決定的，只要客觀的條件或因素改變，你主觀的條件就會受到影響。

　　諸位一定有聽說過：「有心栽花花不開，無心插柳柳成蔭。」這句話意思是：有意要種花，花不開。這是什麼原因呢？或許因為那土壤不適合種花，或許那個季節不適合種花，那個氣候不適合種花，所以那個環境也就不是種花的環境了。

❀ 成敗得失非自己能決定

　　而隨便插一支楊柳在泥地裡，柳樹就長起

來了，即「無心插柳柳成蔭」。為什麼呢？這也不是因為你把這棵柳樹種活了，而必須是那裡的環境恰好適合柳樹生長，那時的氣候就剛好適合柳樹存活。

因此，做任何事都要盡心、盡力，但是成敗得失，不是全憑個人的條件所能決定的。如果環境或時間的因素不能配合，而又堅持非要完成這件事不可，那必是死路一條。即使你累死、氣死、送死，還是完成不了，那又為什麼一定要做？

（選自《動靜皆自在》）

| 禪一下 | 因果不可思議，
因緣不可思議，
當提即提，
當放即放。 |

非你不可？

　　因為「因緣」不是自己所能掌控的，需要環境及時間的配合，所以沒有非你莫屬，非你不可的事；也沒有非要做不可的事，也就是說在什麼情況下，允許你做，你就努力去促成其事，但完成不了時，也不必太難過，或者太在乎。

❀ 應無所住，而生其心

　　諸位有沒有看到我們農禪寺的照壁上，有兩句話：「應無所住，而生其心」，這是《金剛經》中的八個字。「應無所住」的意思就是剛才講的，沒有一定非要完成，非我不可的事，這就

是沒有執著心。

　　牢牢抱住一件事、一樣東西，或是抓住一個人，那一定是痛苦不堪的；可是什麼也不要，什麼也不抓，什麼人都不需要，則又會變成孤立無援。所以「而生其心」，就是要處處留心，時時留心，努力促成其事。這裡說的「心」是智慧心，是盡心盡力的心，是知己知彼的心，是認識環境、認識自己的心。也就是對主觀的自我條件，及客觀的環境條件，都能用智慧去衡量，這叫作「而生其心」。

✤ 不要被套牢

　　要運用人來完成我們希望成功的事，要運用事來幫助人成功，這是相輔相成的。「用人成事，用事成人」，而且還不要被某一個圈套套住，也不要用圈套去套住人，這叫作「應無所

住，而生其心」。有了這種智慧的心，你就可以隨緣來成長自己、成就他人，隨緣為自己處理困難，為他人解決麻煩，這就是能救苦救難的菩薩了。

一個已經在學習佛法，修行禪的方法和運用禪的觀念的人，是要努力向前，不是退縮的。諸位一定聽過「識時務者為俊傑」、「大丈夫，能屈能伸」的話，還有能卑、能尊等等。不讓一時間的成敗、得失，而使自己放縱發狂，或灰心喪志，這就要有禪的修持才行。

——

（選自《動靜皆自在》）

禪一下｜什麼是「無我」呢？
所謂「無我」是要放下主觀，
不計較自我的價值，
但隨因緣的運作。

如何與人
和敬相處？

　　如何做到和敬呢？舉個例子來說，如果我們和他人的意見不同時，這時可以將意見委婉表達出來，而不要與人正面起衝突；如果對方堅持他的意見也沒關係，他不跟你和、你跟他和，他堅持他的想法，你就順他一次，他也無法老是要別人順從他。

　　有的人很強勢，總是認為自己講的是對的、其他人都不對，在團體裡，這種極端強勢的人，最後通常會變成一個獨裁者，不准別人有意見。如果你是這種人，那麼大家都會怕你，對你敬而遠之，心想：「我們都不對，那你就一個人去

『對』吧！」如此就不能和敬了。

✸ 放下自我，融入團體

因此，即使自己的意見是正確的，但大家卻不能接受的時候，應該暫時放棄自己的想法，順從大家。如果你就是認為自己的意見很高明，可是這些人卻都聽不懂，為了要幫助他們，自己要先適應他們；你雖然聰明、能幹、智慧高，但是你所處的團體是不一樣的層次，在這種情形下，你要先融入他們的層次，才能對他們有所幫助。

譬如我跟一群小朋友在一起，當他們吱吱喳喳地給我許多意見，我要駁斥、反對他們的意見嗎？他們問我：「師公！我講的對不對？」我說：「對！對！當然對。」小朋友聽了好高興，便願意跟我在一起，跟我做朋友，他們認為師公

很好、很隨和，以後我說的話，他們就會聽了。如果你就是覺得他們幼稚、不成熟，不贊同他們的意見，他們便會覺得這個老和尚很古怪，不敢和我相處了。所以，與人相處或者共事，要以和樂、和敬為基礎。

✺ 自己要適應大眾

你們之中，聰明、能幹的人很多，但不管多聰明、多能幹，都應該明瞭在團體中生活，是自己要適應大眾，而不是要大眾來適應你，在適應大眾之後，你自然而然地可以把大眾帶起來。如「四攝法」裡的「同事攝」，「同事」就是指我先跟大眾「同」，使得大眾也能同意我。

就以千手千眼觀世音菩薩來說，他之所以能夠同時適應、應對無量無數恆河沙世間眾生的祈求，像有無量手、無量眼，能無處不現身一

般，就在於他能適應眾生。所以，我們要學觀世音菩薩，度眾生時要適應眾生，在團體裡要適應每一個人，你能適應每一個人，你就是團體裡的領袖。

——

（選自《法鼓家風》）

禪一下	要養成不堅持己見的美德， 假如遇到關卡， 寧可先退一步， 讓人先行， 我們一定要有這樣的觀念。

36 放得下是為了
進步與包容

CHAPTER

　　大家都知道為了迎接新興的，就必須放下舊有的；為了進步就須放下昨天的自我，而重新建立今天的自我，以求明天的進步。如果老是堅持自己的老想法和舊觀念，不願接納他人的建議或現實社會的運轉，此即表示這人根本毫無進步可言，同時他也不能被時代和社會所接受。

❀ 捨棄自我的執著

　　釋迦牟尼佛留傳給我們的教導是：捨棄自我的執著，因為事事物物都是無常。也就是說，任何事物都會由於因素條件之異動而有不同的變

化，既然會變化，為何不順應著因緣時節而加以推動呢？為何不化被動為主動，放下再提起呢？如果基於不願放棄既得的權利地位，所以產生自我矛盾，不但自己跟自己產生衝突，也跟環境對立。如果能認清事實，一切都在進步之中，一切都在演變之下，又有什麼捨不得、放不下的呢？

❀ 不可能永生不死

記得有位居士對我這麼說過：「師父啊，您老囉！您會不會死？」

我答：「人，不可能永生不死。」

「師父，您怕不怕死？」

「死是這一期生命的盡頭，也正是另一段生命的起點，並不是說人死就一了百了什麼都沒有了。世界上任何現象的生與滅、起與伏，都是自然現象，所以，死亡並不可怕，死亡是放下，

因為能放下就是為了進一步再提起。」

———

（選自《禪的世界》）

禪一下

相信因果便不會怨天尤人，
相信因緣便能夠積極努力
而又能看破放下；
關懷普天下的眾生，
卻不以自我中心為出發點，
便是悲智雙運。

為何放下一身輕？

　　眾生的自我相，是由妄心，透過肉體的六根，執取外境的六塵而生，是故《金剛經》云：「不應住色生心，不應住聲香味觸法生心。」

✸ 不要把環境當成自己

　　眾生的自我相，首先是從身體，之後是從身體相關的環境，產生心理的反應，把身體以及和身體相關有利害得失的六塵都當作是「我」。

　　譬如，太太對先生來說，是「我的太太」；你們諸位對我而言，是「我的聽眾」。本來我只是小小的一個人，在國父紀念館演講時，你們諸

位是「我的」聽眾，「我」就一下子變成三千多人，這三千多人，都是「我」；我在臺北市演講，臺北市所有的人都受到我的影響，也都變成我了。如果我這麼想，就是把環境的六塵變成我的執著，而成為「我」。

因此，《金剛經》教我們化解自我，不要把環境當成你自己，不要在乎環境是你所倚靠的，或你所付出的，所以說「不應住色生心，不應住聲香味觸法生心」，也就是《金剛經》反覆陳述的「應無所住而生其心」。面對所有人、所有情況、所有事，處理一切你能處理的，處理之後，不必再說：「這是我做的，他們因為我而得福，而得利了。」這就是「應無所住而生其心」。

❀ 時時保持自由之身

能夠忘掉是最好的，人我都沒有負擔；如

果不忘掉，就是沒有智慧心，把包袱背在自己身上，老是想著「這是我的成就、這是我的功勞、這是我的功德」，最後變成了自己的負擔。如果能將做過的事馬上放下，就是一身輕，時時保持自由之身，就是最有智慧的人。

———

（選自《福慧自在》）

禪一下 ｜ 過去的已過去，未來的尚未來，
現在的，轉眼即成為過去，
都只有過程而無實在的東西，
所以都不能執著，
執著也是幻境，
如把幻境當作實有，
就會變成自我的累贅。

38

CHAPTER

如何放下得自在？

放得下的人，應首先放下自己，其次放下周遭所有的一切。

✿ 沒有捨不得之心

所謂「放下」並不是沒有自己，而是指沒有對抗心，沒有捨不得之心。

我們是雙手空空地降臨人間，死時又能帶走些什麼？又有什麼東西「放不下」？隨時隨處對任何事物無一絲毫牽掛或捨不得，能如此，才談得上是自在，是解脫。

例如：有人蓄意破壞、毀謗，目的是令你

放　下　禪

名譽破損，這是最難忍受的事。如果你能在名譽被破損時，還能保持心境坦然，毫無罣礙，那麼，名譽的損失，對你而言，絲毫不會構成任何的威脅和壓力。

❋ 能大能小，自由自在

釋迦牟尼佛放下王位出家，乃至成佛之後，又一肩挑起全人類的災難，為一切眾生的福利而宣揚佛法，這就是慈悲心的展現。所謂「一肩承擔」是擔起責任，我們不能將自己應盡的責任和義務放棄。我們的權利及自我中心可以「放下」，但是責任和義務一定要「提起」，這樣就佛法而言，才是慈悲。

能放得下，是為了要提得起。放下自我，而奉獻出自己；放下私利，而成就社會大眾。提起之後必須放下，才會隨順因緣，舒捲自如，能

大能小，自由自在。

———

（選自《禪的世界》）

禪一下

慈悲心是以一切眾生為
救苦救難的對象，
以至一肩承擔一切眾生的苦難。
智慧心是從不考慮自己的利害得失，
也不在乎眾生會不會感恩圖報。

如何做個
無事道人？

　　我常說，一個開了悟的人是：「你家有事，他家有事，我家沒事。」因為我家沒有事，而他家有事，你家有事，所以就專門為了無事而忙。因為自己沒有事，當然也就能夠挪出手來，挪出腳來，挪出嘴巴來，挪出身體來，到處去奔走呼籲，幫助這群人救煩惱火，幫助那群人救智慧命。

❀ 心裡少一點執著

　　因此，一個大悟徹底的人，叫作「無事道人」──沒有事情的修道人。也因為心中無事，

所以他不會堅持執著我必須要怎麼，或者我絕不可怎麼，或者我不願意怎麼；只要眾生需要什麼，他都恰到好處地給他們支援、關懷、協助，使其獲得安樂的利益，這便是「無行而行」。我們雖然還未到心中無事亦無行的程度，但也應該學習著在修行的時候，心裡少一點執著，少一點牽掛，多一些悲願，多做有益於人的事。

❈ 心中無事，行於萬行

每次我們農禪寺舉辦聯合祝壽典禮，在典禮上我都勉勵那些老壽星們：若要沒有病苦，就要少些煩惱。如何使得煩惱少些呢？我說：「少為兒女擔心，少為閒事嘮叨，要做一個笑口常開的老壽星。」因為他們已經年邁，不需為了生活及事業而忙了，還管那麼多的事做什麼？但是為了往生淨土，準備資糧，應當經常多念阿彌陀

佛，應當老而不廢，能夠自己做的生活中的事，還是自己做；能夠多替他人做些義工的話，還是要廣結善緣；有機會給他人規勸、勉勵、讚美的話，還是要說。這樣也可以稱為「無行而行，即超彼岸」。

「彼岸」是從苦惱的此岸而到離苦得樂的涅槃境。許多人認為離開此岸的娑婆世界，才能到達彼岸的佛國淨土；在禪宗則認為只要心中無事，又能行於萬行利益眾生，即是超越此岸而登彼岸，不必等待死後往生佛國，也就是說在生前便能體驗人間也有淨土的安樂。

——

（選自《神會禪師的悟境》）

40

提放自如真自在

無見乃能見，一切真實法；

於法有所見，彼則無所見。

——《六十華嚴經卷七·菩薩雲集妙勝

殿上說偈品第十之一》

　　不要存著想見什麼的主觀態度，你才能見
到純客觀的事實真相。但是如果你認為自己對事
實真相確有所見，實際上又偏離了佛說實相無相
的原則。

　　在所有的佛教聖典中，都叫我們要努力，
又叫我們要放下；叫我們要上進，又叫我們不要

期待；叫我們要肯定，又叫我們不要執著。這就是佛法的優越處和高明點。

❀ 放得下是為了進步

我們一定要有著力點才能努力，但抓住著力點之後要能放下，亦即提得起也要放得下。提得起是方法，是著力的開始；放得下是為了進步，級級上升，就像登山的人，由懸崖絕壁向上攀登，必須步步紮穩、步步放下，否則就不上不下了。所以在全力提起之後，必得徹底放下，才能有大擔當，才會有大遠景；唯有能夠徹底放下自我私利的人，才能把一切眾人的責任擔得起來。

❀ 體驗真正的真相

這個偈子的意思是說，沒有可見，乃能見

到一切的真實：不得有先入為主的成見，你的觀察判斷才會客觀。

人人都會有自己的看法，從自己的立場看景色，從自己的角度看方位，從自己的興趣看人、物、世界。這都是已經有了主觀立場的見解。凡不是客觀的，就很可能是不公平、不正確的。只要設定了立場，看什麼都不是完整的。從東面看到你的臉孔，從西面看到你的背影，即使從四面八方的全方位來看你，也看不到你的內臟結構。若把內部剖析出來看，整體的你又不見了。只可說你於某一時段看到某一現象，不要據以判斷說你已看到全體事實的真相。

因此，對待一切現象，雖要全心全力，卻也要堅守不執著、無定所、無定向、無定法的原則，這才是叫作見到了「實法」。放下主觀意識，也要放下客觀意識，超越了主觀及客觀的看

法，就能體驗到正確的、真正的宇宙人生的真相。

——

（選自《智慧一〇〇》）

禪一下 ｜
心很清楚地知道外在的環境，
只是一個現象而已，
跟自己沒有一定的關係。
此時已經沒有自私自利的
自我中心的執著，
能夠不受環境狀況的影響，
也不受身體狀況的影響，
這叫作解脫樂。

法鼓山禪修資訊

法鼓山禪修中心簡介：

　　禪修中心為法鼓山推廣漢傳禪法的主要單位，宗旨在於推廣禪法，以達到淨化人心、淨化社會的目的，將各類禪修課程推廣至海內外各地。除將禪修活動系統化、層次化，並研發各式適合現代人的禪修課程，讓更多人藉由禪修，來達到放鬆身心、提昇人品的目的。

　　除定期舉辦精進禪修活動，包括初階、中階，及話頭、默照等禪修，開辦禪修指引課程、初級禪訓密集課程、推廣立姿與坐姿動禪、「Fun 鬆一日禪」，並培養動禪講師等，期能擴

大與社會大眾分享禪悅法喜。

想要開始學習禪修者，可以先參加法鼓山各地分院與精舍所舉辦的「禪修指引」或「初級禪訓班」，然後再參加為期一天、兩天或三天的「禪一」、「禪二」、「禪三」活動。如果希望能穩定長期學習禪法，可以參加「禪坐共修」。在具有禪修基礎後，再進階參加為期七天的禪七活動。

如果想要了解更多的法鼓山禪修訊息，可以電話詢問法鼓山禪修中心，或上網查詢，網頁提供完整的最新禪修活動。初學禪修者可挑選離家近的法鼓山分院或精舍，就近參加禪修課程。

禪修中心推廣部門 —— 傳燈院

地　　址：11244 臺北市北投區公館路 186 號
電　　話：（02）2893-9966 轉 6316
　　　　　（請於週一至週五上午九點至下午五點三十分來電）
官　　網：https://www.ddm.org.tw/default-chan
臉　　書：https://www.facebook.com/DDMCHAN/
IG：https://www.instagram.com/ddmchan/
LINE@：http://line.naver.jp/ti/p/djB3dfrhZj

禪修 FOLLOW ME 6

放下禪——上班族40則放下指引
Chan for Letting Go:
40 techniques for letting go for office workers

著者	聖嚴法師
選編	法鼓文化編輯部
出版	法鼓文化
總監	釋果賢
總編輯	陳重光
編輯	張晴
美術設計	化外設計
封面繪圖	江長芳
內頁美編	小工
地址	臺北市北投區公館路186號5樓
電話	(02)2893-4646
傳真	(02)2896-0731
網址	http://www.ddc.com.tw
E-mail	market@ddc.com.tw
讀者服務專線	(02)2896-1600
初版一刷	2014年4月
初版五刷	2023年3月
建議售價	新臺幣150元
郵撥帳號	50013371
戶名	財團法人法鼓山文教基金會—法鼓文化
北美經銷處	紐約東初禪寺
	Chan Meditation Center (New York, USA)
	Tel: (718)592-6593　E-mail:chancenter@gmail.com

法鼓文化

國家圖書館出版品預行編目資料

放下禪：上班族40則放下指引 / 聖嚴法師著. --
　初版. -- 臺北市：法鼓文化, 2014.04
　面；　公分
　ISBN 978-957-598-640-7（平裝）

　1.佛教修持　2.生活指導

225.87　　　　　　　　　　　103002608